Cómo fracasar rotundamente

Gustavo Andrés Valdés Acero

Prólogo

En Colombia, un país en el que la lectura apenas está empezando a encontrar espacios y donde hay pocos encuentros con la poesía, es importante encontrar libros que quieran irse a contracorriente de modos extremos. Conocí el trabajo de Gustavo cuando me enteré que escribía poesía de ciencia ficción, y eso me hizo intrigarme por las posibilidades que ofrecía su trabajo. Vi varios de sus experimentos, algunos llegaron a este libro, donde lo visceral era importante para que el lector se conectara. Ahora, cabe aclarar que no se es extremo por ser extremo, es algo que se elabora con esfuerzo y lectura; Gustavo conoce su terreno, la poesía clásica alimenta imágenes que se quedan fijas en la memoria como un zumbido pineal, donde se combina técnica y el deseo de perturbar. Sin embargo, no todos los poemas apelan a esa fuerza, otros hablan de esa soledad de la voz del poeta, intentando encontrarse y afirmando su espacio vacío. Este mismo alejamiento está cubierto de imágenes de la cultura pop; los videojuegos rondan los poemas, narraciones contemporáneas que algunos poemas toman como base para narrar esas metanarraciones que usualmente no se ven en la literatura.

Sé que hay cosas en común entre los espacios vacíos de Mallarmé e ir tomando aguardiente de caja a las dos de la mañana por la Caracas. Sé que hay un punto de encuentro entre el soldado de Rimbaud y las zanjas llenas de paquetes de papas de los andenes Bogotanos. Este diagrama de Venn cruzado aparece en este libro, la experiencia bogotana de guaro, metal a todo volumen en un discman y ese querer expresarlo en poesía. Ese querer decir y, me gusta pensar que es posible, expresarlo, así sea en los silencios del poema, los no-espacios, que se llenan de riffs de guitarra y golpes con la cabeza a una batería vieja que se alquiló haciendo vaca entre todos los de la banda.

Algo intrigante y profundamente desolador de los poemas es la búsqueda de la muerte. El poeta parece andar sin dirección los espacios de la vida y anhela la pérdida; esas búsquedas urbanas son fenobarbitales que se le riegan en las venas, no solo para apacentar, sino para extinguir. Y creo que la mayor angustia es que no lo logra, no acaba Final Fantasy y tampoco se muere. Así que no es un canto a seguir con todo, sino a seguir porque no puede de otra, porque algo le es prohibido. Esa exploración tal vez no sea del todo literal, sino el querer encontrar esos lugares vacíos y ver qué pasa, si se crea poesía en la página en blanco o si el intento se queda en nada. Si el poema es más un comentario sobre el proceso y el no poder lograr escribir un poema.

Y así, esta poesía es de girar buscando algo, como buscando en esas vísceras un lenguaje secreto. Y, sin mapa, hay encuentros con el pasado, los recuerdos y cierto intento de ver qué hay más adelante. Lean a Gustavo si quieren encontrar esa experiencia de buscar en la calle, y de perderse. Que las imágenes se les revienten como ese potente chorro de semen de uno de sus poemas.

Hank T. Cohen - A.K.A Camilo Ortega

Crear es también dar una forma al destino propio

Albert Camus

1

Todos estamos bien

Buscando a la princesa Fiona

Sentir amor,

mi nueva, helada obsesión.

Sentir un amor hembra y amarla

en su lugar —nada salido del mundo—.

Algo metido, bien metido en el mundo.

Metido a la fuerza en el mundo que en vano

se retuerce y solloza como quien no quiere,

como alguien poco avispado para la caricia

y siendo manoseado hasta el final.

Sonreír con la serrada sonrisa del muñón

Asistir al rito, no dejar de saludar.

Cumplir al pie con el programa de las diez, doce, catorce horas.

Posar para la fotografía obligatoria en las festividades.

Dejar siempre para un día después la visita al estudio.

Convertir el estudio en un cuarto de chécheres.

Volverse una polilla del televisor,

el sexo insípido, la vida sin soportes.

Dejarse ir poco a poco.

Que el puño se cierre, que el plazo se cumpla

que el odre se seque.

Al fin de cuentas satisfecho.

De sentir amor,

de haberlo dado y recibido.
De haber estado a lado y lado
del tenedor.
De haber sabido posar para
la foto.

El listón

A miles de kilómetros del próximo vino en pocillo,
la energía eléctrica abandona bruscamente
la cuadra.
A miles de kilómetros de la próxima vela encendida,
intento un verso arrinconado en las sombras.

A millas y millas de la última mujer

que compartió su cuerpo conmigo, un gemido

despierta en la oscuridad

más absoluta.

Sed infinita

Beber el destierro de los rubíes

beber corazones con forma de califa.

Beber las pestañas de la mujer que por una noche te brindó sus colchas.
Beber el gusto de llegar demasiado tarde.
Beber la amistad que se ha ahogado en océanos caníbales.
Beber en silencio con Li Po.
Beber el momento frente a la amenaza. Beber el cansancio.

Beber el macho de nuestro aquelarre, beber la hembra.
En una copa arrebatar la noche y apurarla de un trago.

Beber sin olvidar (guardarlo todo en discos).

Beber y no dejar de amar.

(Aunque ebrios, terminemos mordiendo las botellas). Beber y transpirar la locura
de ser solo una palabra sin incubadora, sin cilindro de humo.

Bajo ninguna circunstancia

esperar otra tabla.

NO esperes otra tabla que te mantenga a flote,

otra raíz que finja amistad a tus garras. No desperdicies el cristal en los
mensajes (detrás de la pantalla de plasma los dioses se ríen de tu soledad).

No insistas en buscarla.

Ella es ahora mucho más feliz, sin ti. No pujes demasiado para llorar. No
indagues demasiado. Sólo alza la jarra
cierra los ojos

y bebe.

Lunes

Acabo de arrojar las monedas al cuarto.

Dos veces el diablo me dijo que escribiera.

Pero de qué sirve:

Estoy acá sentado sin saber qué hacer.

Con una piedra en la mano raspo mi pecho, mas no sale chispa.

Caigo como una pesa arrojada

en mitad del océano.

Cada vez más profundo.

Cada vez más oscuro.

Cada vez más desolado.

Como una muerte atrapada por la inercia.

La conciencia sumergida en un vacío continuo

(algo que después de unos cientos de metros

nada tiene que ver con la soledad); estática,
sin poder frenar esta lenta caída.

Sin meca,

destino

solo oscuridad.

En el sótano de la melancolía

No puedo conocer nada
ni a nadie
es imposible transportar mis sentidos a las cosas.
Todas vienen a mí sin permiso,
violentamente. Fuerzan mis candados,
arrojan mi corazón a tierra,
me lastiman.

Mi dolor es la criatura con la que vivo,
mi mascota del rencor.

(Qué impotencia humea por todos los pasillos,
desborda los ojos.)

La venganza rueda desde la montaña más fría
hacia mí.

Impotencia. Ignorancia. Impotencia.

Soledad.

Soy la nada de la cual
los fantasmas se alimentan.

Máscara de baile privado

Retorno a la caverna

a lamer mi pobre tesoro.

A bañar mi alma de palabras

y que

no obstante

siga oliendo mal.

Es real, estás solo

No hagas ensayos

No hables con nadie

Sigues soñando

(Te has

quedado

dormido

de repente)

Sonríes

a nada.

Todo apunta a que hoy es el día

Se ha hecho insostenible
mi relación con la soledad.

Me desespera su desorden, su
adicción al caos, hacer hasta un huevo es un desastre.

Por la mañana vomita mis huesos en la sala,
en el estudio, en los muebles, en la cortina.

Mi enojo no la persuade de dejar de beber,
así sea por un día...

No sé por qué la amo ¿Alguna vez en el tiempo,
el amor por alguien o por algo necesitó justificación;
el amor no es la luz verde que todo lo permite?

¿Amar no es brindar una completa potestad
sobre nosotros, no es firmar el permiso para que nos hagan sufrir?
¿No somos la mercancía en un vaivén de olas y el amado el pirata?
¿No somos la doncella y el Amor quien salta nuestras murallas
y nos lleva lejos? ¿No somos la recompensa
por la buena puntería del cazador?

Soledad, tú me ganaste. De nada ni de nadie
podría ser tan suyo como lo soy de ti.

Juzgarte no es mi incumbencia, amarte tampoco.
Pero, y tú lo sabes, es tal vez solo egoísmo.

Porque adentro, en esas entrañas que se retuercen de vacío,
llevas —como apretado en un puño—,
la ampolla de mi libertad.

Censo

En mi casa solo estamos yo,
mis dos gatas, un cactus, cientos de miles de pulgas
y un trillón de termitas. Sí, habitamos muchos,
no tengo derecho a decir que vivo solo.
La cuestión es que somos de especies distintas
y la comunicación es complicada.

Anoche soñé que se acababa el mundo. En todo el día me ha dado miedo correr la
cortina para comprobarlo. De alguna forma sé que es así. Y que yo, las dos gatas,
el cactus,
las miles de pulgas y el trillón de termitas,
somos lo único que queda.
También sospecho que Dios no lo ha conseguido.
Así que no hay nadie que nos saque una costilla de amor,
ni árbol que nos tiente con alguna sabiduría,
ni decálogo que nos dicte la ruta de salvación de nuestra alma.

Claro, sería injusto decir que a uno de nosotros
le falta algo o que algo nos pasa.

Aquí nada nos pasa
todos estamos bien.

La casa de la soledad de la que soy polizón
leva anclas
se aleja despacio del muelle vacío,
sin adioses
sin gesto.

La casa de la soledad de la que soy polizón
sale disparada como metralla incandescente.
Cada estación que visita
es un nudo en el tiempo,
un nudo corredizo en la garganta del tiempo.

La casa de la soledad de la que soy polizón
—Tirada por fuertes caballos de guerra—
clama la caída del invento humano.
La naturaleza llora los millones de años invertidos.

La casa de la soledad de la que soy polizón
da un salto hacia el espacio como una sonda llena de súplicas:
Rastro de caracol, tobogán de vidrios rotos.

La casa de la soledad de la que soy polizón
ha lanzado todas sus bengalas, ha fundido todos los cables,
ha rendido toda posibilidad de supervivencia.

La casa de la soledad de la que soy polizón, no tiene itinerario,
ni destino
ni capitán que la gobierne.
Es un calabozo que viaja
hasta que los mares se sequen

y el cielo se desplome.

Odio y amor colman el corazón de las estrellas que explotan mientras danza la casa de la soledad de la que soy polizón indefinido.

2

Corazones de vinagre

Nuevo material viejo

Hoy elijo el dolor.

Me quedo con la soledad.

Corto el tejido que me tenía unido

a un breve consuelo.

Se ha ido para siempre, yo la arrojé para siempre

y el silencio que esperaba su turno

se ha instalado sin permiso.

Mi corazón abierto

exhibiendo su vacío. Mi hígado no se regenera

sino que duele con cada trago de vino.

He elegido el dolor, todavía sostengo

fuerte el celular, por si vuelve a sonar,

por si llega un mensaje de quien sea, pero está frío.

Un objeto muerto en mi mano sudorosa

(el llanto como fiel minero se abre paso en mi pecho).

No la amaba. Ahora sé que era mejor con ella

que con nunca.

Efecto marea

Hoy desperté con tu recuerdo royendo mi máscara.
Te creía lejos, pero el efecto marea te ha traído,
y no sé si es la luna o tu seno izquierdo

(que cabía perfecto en mi mano)

al cual llamabas Luna. Poco comprendo yo de fuerzas, de leyes.

Solo sé que mi cuerpo añora tu cuerpo.

Y es como un hambre, se parece al hambre.

Yo intento mantenerlo contento, te juro

que le doy de comer, me tomo con juicio

la sopita sin amor. A veces hasta le doy desayuno y almuerzo.

Ese no es el problema, mi cuerpo no

muere de inanición, muere de ti[1] ,

de tu ausencia que hunde su talón en mi pecho,

de tu ausencia que es como un tanque

que me pasa por encima.

Porque, después de todo, ¿para qué gastar munición en mí?

Tú atravesaste el puente

después

quemaste mis venas.

Una y otra vez repito:

"¡Me rindo, me rindo, me rindo!"

Pero no te satisface.

Quieres asegurarte de haber sido un Armagedón

en mi pesebre, quieres frustrar el rito

que me devuelva a la vida. Te he tomado

demasiado en serio, esos fueron los cargos.

No era mi intención irme sin haber

amado, como un loco que aúlla el recuerdo

de haber quebrado tu represa.

---

[1] Gracias Sabines.

Hay sufrimientos de sufrimientos

Recuerdo, por ejemplo, que nunca
pasé un Final Fantasy, tampoco
un Silent Hill. Tuve que hacer trampa
para finalizar un Ninja Gaiden.

Hasta once grado no supe lo que era tener novia,
cuando los chicos de sexto hablaban de orgías
y no había pelao de noveno que no llevara en el
bolsillo de la camisa un tubo de perico.

La primera vez que me encontré con una niña
(Llamémoslo una cita)
estaba custodiada por el servicio secreto
de sus amigas.

No recuerdo cómo vestía, ni su olor, ni su
cabello. Sólo sus miradas cargadas de asco,
de fastidio, de burla, de sanción.
Ese día conocí la primera interjección.
Al darme la espalda, soltaron al unísono entre risas:

¡Qué porquería!

Ignoro por qué lo dijeron.
Ignoro por qué lo recuerdo.

Esas niñas hoy serán mujeres de lindas piernas.
Piernas que se abrirán y alcanzarán la cima,
rendirán sin restricción a cualquier importuno,
lograrán lo que sea.
Mientras yo me encuentro recluso en un inmundo cuarto,
procurando escupir una aurora más,
el miembro lacerado.

Sangrando por los ojos con el porno
que me proporciona la señal del vecino.

Típico

Sin mi amor ya no soy poeta,

mi alma de cristal,

apedreada.

Esto es lo que escribo,

recojo vidrios rotos.

Esqueleto de poeta.

Momia de poeta.

Vampiro de sí mismo.

Monstruo de poeta.

Ella se fue.

Apretada en su piel se fue toda mi fuerza,

mi amor por la vida, mi canto a lo bello,

mi pasión por crear.

Ya no hay razón para seguir aguando,

el bote naufragó y todos son felices.

¡Oh Dios mío!

¡Oh Dios!

Ohhh dios.

Odio.

El árbol del Quijote

Sin hojas

Sin fruto

Sin

raíz

Sin tinta

Sin ti.

El poeta lo que quiere es fornicar

Ya no quiero seguir escuchando tus problemas,

tus patologías, tus más profundos apegos.

Los fantasmas que llegaron antes y a los que perteneces.

Los lobos

que se llevaron la primicia y atontaron tus sentidos.

¿No ves que a pesar de todo eso ardo y me pudro

y me desgarra el deseo de alargar mis manos hacia ti,

 hacia las partes carnosas de tu cuerpo?

Ya no puedo hacerme cargo de la

seguridad de tu burbuja.

Porque soy el único peligro.

Ofidios

No sé qué pienses de esto,

pero en cuanto te vi quise ser lengua.

Una lengua enorme como una anaconda (cubierta de ventosas y corales). Con el entero fin de saberte toda,
con el propósito único de sorber tu verdad.

Empezaría a recorrerte por los pies, a enroscarme lentamente por los tobillos;
describiendo un ascenso en espiral hacia el nacimiento

de esos mellizos que son el río de tu sexo y la piragua del mío.

Y en ese oasis viscoso, alimentarme y dormir.

Hasta que el calor de tu vientre y el bramido de tu boca me despierten.

Te envolveré toda

como a una momia egipcia, cubriré tus senos con piquetes y mordiscos.

Rodearé tu garganta, te estrangularé con ternura.

Me templaré como una espada en el agua de tu boca.

Penetraré la fina capa de tu coraza interna, y caeré de clavado

en tu alma como un pez sin visa, una anguila de sangre en ebullición, una iguana evaporada.

Y anidaré bajo tu pecho, donde no me querías ni me quieres, pero igual.

Hospedado en tu corazón, depositaré mis futuros mañanas.

Ahí culminará mi instinto de padre y madre.

Porque lo que me llama de ti

es esa esfera amarilla que los santos llaman sol, que vuela bajo en tu vientre, en círculos cada vez

más amplios, resbalando en esa órbita de cuerno blanco que resuma delicias, de las que no me puedo ausentar.

(El sol de tu vientre tiene la devoción de mil planetas).

Mientras tu orgasmo, como un pequeño Armagedón,
nos derriba en vacío, nos devuelve al principio.

Un tibio caldo primitivo cubre el colchón,

única evidencia.

Poema con dedicatoria al final

Si me detuviera a escribir algo de ti

Si me sobrepusiera a tu mordida

de hiena hambrienta

Si no tuviera que tocar ya nunca más

tu gracia de gata con mi olfato

Si pudiera drenar

de mi cuerpo todo el hielo

que has gemido

Si pudiera volver a

los monstruos en mis sueños y

dejara la persecución de tu cuerpo

la nostalgia de tu cuerpo

Si dejara de despertar

rígido como un muerto

con andamios destrozando mi

paciencia y mi serenidad

Confuso

como la primera vez que vi la vida

Con una especie de mordida en

el corazón que no se cierra.

A la mujer que yo creía no existía

y he aquí cómo amanecí en su red

rodeado de peces tristes.

Pasatiempo

Pasó el tiempo.

El tiempo pasa sobre mí.

Quiero una flor bella que alumbre mis paisajes,

quiero una serpiente de un color.

Quiero que estén hinchadas las nubes.

Tengo un bloqueo en mi arroyo

(no en mi arroyo de semen, por cierto)

en mi arroyo ancestral.

Mis castores no pueden destruir el dique

que me presa.

Hoy estoy débil, como el día en que nací,

mi dinamita está mojada.

No logro la altura que mis alas

prometían, no logro volar hasta el cielo de tinieblas, no logro el hilo.

Atravesaron mis estrellas, más tarde estarán muertas.

El cuello de la que llamas Ella

está encendido.

Una cicatriz grande, como un continente, te atraviesa.

Una grieta en el deseo,

seca

como el cadáver que concede

el abuso de los vicios.

Bolita de estambre

Ruedo impulsado por tu garra.

Sobre el camino, el hilo queda esparcido,

con el hocico buscas un olor que me sentencie,

que ojalá despertara tu celoso instinto

y a tus fauces invitara a desgarrar mi espalda.

Bolita de estambre que ruedas hacia el río,

tapete de hembras, juguete de las gatas.

Bolita de estambre, quejas elevaste

desde la canasta:

«No quiero ser suéter, no quiero ser tibio,

no quiero proteger el corazón helado;

quiero que como a masa con la que hacen pastelitos,

una mano me moldee, femenina, suave, serena».

Pero todo es mentira, pues daga y tijera

en mutuo acuerdo de cometer traición,

sobre mí se arrojan y su cruel faena

llena de hilambre toda la habitación.

Bolita de estambre un corazón te arrancan,

bolita de estambre, alguien te mordió. Cabo de lana, hilachos intestinos, material

de martirio, sustancia de dolor.

Aliento de gata tu piel esparcida

ostenta orgullosa la horrible expiación.

Qué caro se paga abandonar la guarida,

que triste el deseo al verse cumplir.

Amor en el pecho, veneno en el mundo,

agudo aguijón que nos hace sufrir.

Bolita de estambre, ni penas ni lloras.

Bolita de estambre: ¡Qué lejos se ve Edén!

Desgreñados despojos una lengua devora.

Bolita de estambre,

infierno en tu sien.

No sea ridículo

Un enjambre de suspiros
abre en mi pecho los poros

de innumerables manantiales que ruedan pies abajo hacia tu río.

Y a pesar del asalto de hordas de alcantarillas, de murallas que has levantado a mi
gemido, del arco que has tensado al liviano vuelo de mi esperanza,

de la alegre negativa que esbozas ante mi corazón convulsionante; yo avanzo,
piedra a piedra, vidrio a vidrio.

Como una sed que ha perdido los estribos, como la llama
en los ojos desnudos de todo recato, como manos que obvian la diplomacia de
pedir permiso para tocar. Yo sigo corriendo hacia ti

como una arteria seccionada, y en cada sollozo, en cada segundo, lleno mis
barrigas con el pienso de tu lunar desprecio, negro y espeso como la sed de
venganza hecha laguna, como el encono más avieso espesado en crudo, como la
baba oscura de los perros que vigilan el esplendor de tus dientes
que se tuercen de risa…

Adiós, completa dulzura de un cuerpo que nunca fue mío. Que venga el dolor y
reclame lo que tú dejaste botado: estos girones palpitantes, esta grieta que separa
continentes, esta ráfaga de lágrimas, estas ganas de capitular, de dejar en la peña
el alma.

Eso explica el nombre (Cruel) que le he puesto a tu sonrisa,
eso explica la distancia.

El reino de los sodomitas

Tu planeta lejano no me deja ser feliz,

estar lejos de tu planeta lejano.

Tu estrecho, salado, acuoso
planeta lejano ante el cual mi sol se calienta.
Mi sol caído, expectante, estoico (aunque
también cínico), que como un perro ansía montarte,
hacerte sufrir con cariño, extraer de tu dolor aullidos
de amor;
echar en tu nuca mi aliento de animal enfermo, ebrio,
insuflado de Dios, navegante perdido en tu agujero.

Brújula que apunta con su punta hacia tu estrella polar,
hacia tu Sirio enervante, hacia la boca de tu culebra intestina
que me succiona inevitable, impostergable, suprema.

  La espuma desborda tu tierna herida, mi semilla inunda tus bordes de sangre.
Rosal oscuro de mi oscura obsesión.

La dote que te ofrezco.

3

Erotomisantropía

Negativo

Romper la realidad de un plumazo.

Romper la navidad de un plumazo.

¿Qué Dios va a haber si todos sabemos que en la calle de los prostíbulos
destrozan cuerpos que almacenan en tanques donde

se hace licor —adulterado, no barato— para los ardientes clientes?

Todo lo que hacemos es persignarnos

y seguir con la tertulia homicida.

El grito de los desmembrados se apaga de repente.

Los ojos de una muchacha, casi una niña,

son pozos llenos de sangre. En su mano

llora un corazón pringado de escopolamina.

¿Qué hijos de Dios vamos a ser

si no podemos ocultar los cuernos,

limarnos las pezuñas, ni cercenar

las alas de murciélago?

¿Qué habrán hecho los cerdos para vivir
ese infierno que viven, desde el mismo momento en que nacen hasta su insensato
sacrificio? Gritándoles.
Insultándolos.

Arrastrándolos con odio hacia un fin tremendo.

¿Y has visto alguna vez sus rostros?

¿Los has escuchado gritar?

Parece como si suplicaran, parece como si pidieran: «¡No me mate! Devuélvame a

esa vida que me ha dado hasta ahora. Que vuelvan las patadas,

los gritos, los aguijones de odio. Lo que sea,

menos nada ¡Por favor no me mate!»

Gritan claritico los cerdos, su clamor es ignorado.

¿Por qué?

¿Qué nos hicieron?

Qué tonto aquel que llame a alguien cerdo

con el ánimo de insultarlo,

qué tonto también quien los llame héroes.

Nuestra existencia no es más

aunque tampoco menos

absurda que la de ellos.

Solo que nosotros tenemos aparatos,

diversos aparatos de entretenimiento.

Un par de audífonos y buena música

pueden disimular perfectamente

los gruñidos de nuestros hermanos

siendo arrastrados al matadero.

Duda casual

Que alguien me diga

¿Qué tienen que ver quinientas mil
cabezas nucleares con la Democracia,
con el Bien de la Humanidad, con la defensa
de nuestros Más profundos Valores, y
con todas esas cosas que predican?

Maiakovsky comparaba la extracción de la poesía con la del radio,
sustancia que, entre otras aplicaciones, sirve para hacer mejores bombas.

Y hay otra, más moderna.
Porque, desde un punto de vista práctico,
«¿Para qué destruir los preciados recursos
si sólo queremos matar gente?»

Me pregunto si estaremos ahí
para aplaudir la creación de un
último gran invento.

Solipsismo autista

Ellos

los de afuera

Nada tienen que

ver con nosotros

¿Qué querrán?

Míralos cómo miran

Mira sus muecas

Nos quieren hacer creer que son

sonrisas

Es espantoso y repugnante

No quiero verlos más

Toca irse lejos

Irse lejos hacia adentro

Irse tan lejos hacia adentro

Que jamás

Nadie

Nos encuentre.

Peor que el lobo

El hombre:

es algo peor que el lobo

para el hombre.

Es un colosal

hambriento

suplicante

tembloroso

esclavo del hombre.

Es también el amo del hombre.

Y un pobre desgraciado con el hombre.

Con este poema, reclame una cerveza

Dice la tradición que una vez,

hace mucho tiempo, un sabio cambió al diablo su alma por mujeres y ron.

La historia seguramente termina en atroz tormento.

Pero si hemos de ponderar la cantidad a la calidad,

entonces pregunto:

«¿Cuántas veces fuiste capaz de hacerlo?

¿Cuántas botellas entraron en el cauce de tu hígado?

¿Contra cuántos tersos muslos pudiste arremeter

en tu ininterrumpida borrachera?»

Antes de que entregaras tu alma,

tu cuerpo ya estaría hecho un infierno.

Solo entonces comprendes, sabio,

que no hubo negocio alguno,

que todo entero te entregaste,

que no dejaste nada para ti.

El hombre se traga al hombre con el hambre

El hambre se traga al hombre, su paladar de concreto nos cubre.
No volveremos a ver el sol. Ni tú ni yo estamos en los planes del dinero.
Aún podemos ir al supermercado, comprar el peor vino, adquirir algunas

frutas con la ilusión del bienestar.
Almorzar en un restaurante no demasiado barato, dejar la alcancía
sin romper un día más. Y podrás quizá decir: «Yo tengo un trabajo, no soy
tan ineficiente para dejar de tener, consumo y hago parte de la economía».
Ese trabajo ya no es más tu seguridad, es tu constante miedo de perderlo.
¿Cuánto tiempo te queda para que dejes de ser necesario?
Tú no estás en los planes del dinero, eres una contingencia más.

Es mejor que volvamos a aprender a comer tierra, cáscaras, plástico,
tapas de botella. Todos nuestros sueños se los ha quedado el Banco,
tal vez esta misma noche solo nos espere una banca para dormir.
Podemos mirar las estrellas (son gratis), cobijarnos con el frío, dar un último largo
bostezo de abandono y taparnos la cara con un sucio papel, que nos grite en tinta
negra:

¡Ha desembarcado

el paladar de concreto!

Atuendo informal

Dedicado a Infected Mushroom

Poner en evidencia las mentirosas tapias.

Incinerar, destruir, aniquilar.

Volverse eterno a falta de dios,

destrozar lo que quede. Reír la tarde entera

(durante siglos).

Amar carnalmente a todos los humanos,

el mayor incesto jamás conocido.

(Los cimientos de cabeza)

Que cada uno pueda leer el pensamiento de cada uno,

como quien lee los titulares del noticiero

o los subtítulos de una película.

Que todos nos veamos

realmente

y que no paren los destrozos.

Prompt Global Strike

Barack Obama, Premio Nobel de Paz 2009

Felicidades país

de las oportunidades

Te has enfierrado como nunca

para matar

no cientos ni miles

sino millones

de hermanos humanos

de un solo disparo.

Haciendo de un continente

una fosa común.

No hay cuidado

nadie quedará para hacerte

reclamo alguno.

Suicida

Estoy atrapado, de aquí no me dejarán salir.

Soy el suicida, el tipo que se dejó salvar.

Todos en el hospital lo desprecian:

«Ah, sí, ¿con qué usted es el que trató de matarse?

Ya que no pudo, le vamos a mostrar lo bonita que es la vida, para que vea que no todo son florecitas, ni maripositas, ni maricadita alguna».

«Te vamos a mostrar porqué vale la pena

seguir viviendo

(Porqué Ella no te va a dejar ir, en poco tiempo

volverá a engancharte con pases de esperanza

que Ella misma alinea con su artesanal contraseña); y cuando estés bien perdido en lo que creas que es el amor, bajará el matamoscas

y te aplastará como al insecto que eres.
—Sucia mancha en el blanco cubrelecho de hospital—.

«Sí, la vida es muy bonita,

más le vale acogerla. Si cree que está muy fuera de lugar

en un siquiátrico lo metemos, y ahí sí que le vamos a enseñar todos los lindos detalles de la existencia. Así que vuelva derechito

a su galpón humano.

Lo queremos picoteando

y diciendo pío pío.

Esperamos que solo sea figurado

Nada tengo con qué evidenciar que existo, nada que dejar entre barrotes, nada en la parrilla. Solo ojos que se derriten de deseo, tristezas que llevan en el cuerpo las mismas décadas que lleva el alma y que quedarán en mi rostro cuando muera. La cuenta regresiva avanza implacable mientras nos aferramos con afán a nuestros pequeños asuntos. Me siento como el muñeco de otros juguetes. La distancia entre mi ojo y el niño que juega es incalculable. Ahh, se supone que escribiría un poema, pero en esta tierra que es mi corazón, no queda nada hermoso ni profundo. Estoy atascado del susto, quiero ser un superviviente sin haber sido un viviente. No sirvo para nada. Soy (algunas mujeres lo sospechan) un ser desechable, una hebra de existencia consumida por la llama del vacío, una desapercibida contingencia. Hoy más que nunca elevo mi humilde súplica. Si es cierto que detrás de toda mitología, detrás de la cortina de fondo del trono de todos los dioses, estás tú, El Eterno; por favor te pido que me liquides y cuando mi alma salga corriendo la fulmines con tu rayo de neutrones. Decenas de siglos llevamos sosteniendo este galpón humano que es la vida y este año por fin se pondrán en funcionamiento las cercas electrificadas. Agresiones que nunca habíamos sentido nos ablandarán. Apretarán nuestros cerebros como cuajadas e inaugurarán en nuestra carne las etapas de una nueva locura. Más sólida, más siniestra. El mal que siempre ha mandado se proclamará Rey de todas las razas. Asentiremos a todo lo que diga el salvador que nos llegue en la factura. Vendrán volando a la boca, en grandes cantidades, cucharadas de mierda que tragaremos con júbilo, que tragaremos ronroneando. Moveremos la colita (como siempre lo hemos hecho), en señal de cobarde sumisión ante los dioses de la locura, de la tortura, la rapiña

la violación.

Big deal

Halar el gatillo

volar la cabeza del Universo

incrustar un letrero

de «se vende»

en los sesos desparramados

        Y ofrecer a la familia
        a Dios
al mundo
Una cena de esqueletos.

Fallout

Quien crea que su búnker

lo salvará es que no ha leído "La máscara de la

muerte roja".

La radiación, la peste, la hediondez,

la traición;

lograrán abrirse paso entre

las esclusas.

Tus subordinados

(tu exuberante secretaria,

tus hijos,

tu perro)

serán alcanzados,

lo mismo que tú.

—El horror

no se

puede provocar

sin implicarse—

El infierno que has

engendrado

espera que abras la puerta,

mejor no lo hagas nunca.

Invocación tribal

Que se alcen las presencias,

que despierte la música.

Antiguas presencias que ante el fuego

precipitan sus pies en estruendosa danza.

Eterna danza que junta y separa a capricho los insumos del ser.

Presencias bestiales, primordiales,

se abalanzan como niños que no conocen el regaño, que si quieren erigen y si

quieren borran con el mismo desapego, la misma sonrisa

caníbal.

El sol,

es una mera ascua del fuego que fue.

Nuestras muertes y nacimientos,

menos que un segundo en sus sentidos.

Simplemente no quieren o no pueden percatarse de nosotros. Somos demasiado

pequeños, demasiado insignificantes.

No obstante lo pequeños que somos,

podemos reducir a polvo este planeta:

ante el fuego,

en estruendosa danza.

Imitando a los abuelos

de nuestros mayores.

Signo menos

Al tener un mismo origen

somos hermanos de todo, de lo animado y

de lo desanimado, de lo visible y de lo invisible,

de lo amable y de lo desamable.

Pero no vemos la semejanza

sino la diferencia.

Ángel terrible

Tú también puedes decir con Jesús que

Dios es tu padre, que eres carne de su carne, sangre de su sangre.

Yo diré con el obispo en llamas que la raza entera te pertenece.

En tu afán de hacer burla de la progenie alada nos creaste.

Cual lote de clones echados a perder nos sembraste en la tierra, paraíso celeste.

Gruesas lágrimas (como galaxias)

has arrancado a ese Dios que aborreces.

Él es quien vive un infierno. Tú eres cada segundo más feliz, más fuerte.

Blandiste contra el creador la peor ofensa.

No somos gente, somos balas que disparas al corazón del Universo.

Cápsulas de veneno que enferman la tierra y maldicen la vida.

Ucronía

Si los griegos hubieran conocido el guaro
la guerra de Troya no hubiera sido tan larga.

En un par de años habrían tumbado esos muros, no hubiera quedado ni un Paris que
le rascara el talón al hijo de Tetis. Helena habría sido llevada de las mechas a Esparta
para que Menelao la encendiera a rejo por culicaliente. A Agamenón le habría
sobrado arrechera para tomarse a machete el resto de Asia. Habría
sido más grande que el Magno, en vez que el ingrediente principal del caldo de
costilla que Clitemnestra preparaba en la bañera. Pero por andar bebiendo tragos
señoriteros se les alargó
el chico. Mientras las esposas de los más excelentes guerreros
se revolcaban con los esclavos, para luego decir que estaban esperando un hijo de
Zeus que pasó disfrazado de extranjero. Que se resistieron ofendidas, pero el dios se
transformó en motosierra y
no les quedó de otra. No fuera que sus hombres al volver
en vez de honores recibieran picada.

¿Desde hace cuántos siglos
este animal (y el dios de este animal) se volvió tan malo?
Hace resto.
Mucho antes de conocer el guaro
incluso.

Lección de plomería

Nos llamamos personas,

decimos que somos humanos

—Pensamos

sentimos—

Entramos en el baño, nos bajamos

los calzones y cagamos en el agua

limpia.

Plantamos cara a la vida

con este gesto que nos define

por completo.

Sacar de las bóvedas el dinero.

Meter banqueros, presidentes

y encumbrados hombres de negocios.

Prender fuego a todo.

Bailar la danza del reconocimiento mutuo.

Orbitar la llama.

La otra

Si la naturaleza era una sola Razón

¿Qué razón había para la sin-razón?

Simpatía por la nada

Cadáver no-exquisito

Déjame fluir embriaguez,

suelta las palabras,

que broten las gotas de cristal.

Cada trote que doy por las letras

—Con la cabeza gacha, adormecido, tiritando

de impotencia— me acerca a una verdad sin importancia:

las cosas están muertas, desde el principio están muertas,

no tienen un solo instante de vida.

Hemos querido conocer algo que siempre ha estado con nosotros, la muerte.

Y el cielo, la tierra o el infierno, donde morará el alma después de Ella.

¡Qué grande es el tamaño de nuestra ignorancia!

¡Cuánto hemos sobrevalorado la capacidad de ver!

La muerte es todo aquello que capturan los sentidos.

Curriculum Vitae

¿Quién eres?

¿Qué somos?

¿Qué soy?

Un arma de

autodestrucción masiva.

¡Que se mueran los poetas!

¿Quién fue el afeminado al que le dio
por pensar que el poeta es un ser alado y puro,
creador de mundos, reportero de los dioses?
Ya no me acuerdo, pero seguro era un tarado.

¿Cómo se le ocurre decir que el poeta es un mago, un chamán,
un demiurgo, un taumaturgo, cuando no es más que un drogo
pasado de cruces?

¿Qué le pasa al mundo que aprecia
a estos degenerados que manosean con versos
a las mujeres al no poder hacerlo con las manos,
que lloran y patalean cuando ellas ejercen
su derecho a abandonarlos.

Que hasta marica será la mayoría,
y otros tantos pederastas (porque les encanta el pie)
y se la pasan dedicados a la contemplación sensible
y quién sabe a qué otras porquerías?

Deseo que se mueran los poetas. Yo mismo saldría a matarlos.
Pero, ¿quién sabe qué me harían?
Seguro me lincharía esta gente buena e hipócrita.
Por destruir los pilares de la cultura,
por atentar contra lo más sagrado, lo más sublime,
lo más bello, lo más inocente:

La poesía y sus cantores.

Porque aquí hasta el presidente es poeta,
el paraco más sanguinario es poeta,
las bases militares están llenas
de poetas (Excepto en los calabozos, allí sólo hay terroristas,

pero con amor y un trato especial, se les puede volver también poetas,
arrancarles el clamor más sentido, hacer que digan hasta misa).

La bibliotecaria es poeta,
el busetero es poeta,
el violador es poeta,
el ñero es poeta, el tombo que lo golpea es poeta. Las ratas de las alcantarillas son
todas poetas. ¿Cómo no me di cuenta antes?

Así, como cuando entras a la habitación
de un hombre soltero y tienes que
acostumbrarte al olor a semen podrido,
yo me acostumbré al olor del poeta.

Un olor amargo,
como a corazón muerto, dejado
a la intemperie, calentado al sol.

Llevo tanto tiempo respirando
aire de poeta que ya no puedo decir nada
de mi condición. No estoy seguro de nada.
Lo más probable es que me haya convertido
en poeta.

En tal caso al suicidarme
por lo menos habré acabado con uno de ellos.

Ese será mi humilde aporte a la limpieza social,
a la salud del mundo.

Nota suicida III

Por lo menos un mal poema se merece

el último vaso de vino

Y un mal vino se merece el último esfuerzo por

ser

Antes de desaparecer.

Sentada sobre el trono de las almas

El supuesto Todopoderoso brilla de orgullo
al tenerte como uno de sus alados secuaces.
Y el máximo tentador proclama el honor
de ser tu dueño.

Me da lástima ese par de insensatos
que se pelean tu cuna, en eterna
e irrisoria lucha de bien y mal.

Para ti no hay diferencia a la hora de juzgar y condenar: el justo y el pecador
igual se pudren con tus besos. Cuánto quisiera adoptarte señora mía,
sombra siempre presente en mis delirios de preso acorralado que planea
fugarse de este cuerpo, antes que lo digiera el estómago de un arcángel.

Tú, única y verdadera redentora,
tú que sola eres un ejército nocturno,
ante el cual caen el cobarde más repugnante
y el valiente más aguerrido,
tú que no necesitas bendición ni promesa de volver…
Porque siempre vuelves.
Que los paraísos del glorioso firmamento
no guardan secreto alguno a las cuencas vacías de tus ojos,
y las terribles llamas del Averno, no son más que un fuego
lleno de presunción ridícula que sólo sirve para encender las velas de tu poesía.

La tierra misma es tu templo y altar. No posees fieles ni seguidores
pero todos somos corderos para el sacrificio,

todos tenemos que peregrinar a tus negras arcas,

renegar de la cruz y el pentáculo, doblar nuestros cuerpos

hasta comernos las rodillas, y someternos a tu presencia inmisericorde

que nos libra de toda hipocresía.

Cielo e Infierno:

triviales fetiches que abarcan tu inmunda carcajada.

¡Muerte! Subliminal partera del destino

Irrevocable diosa de lo impune, limpia esta sombra manchada de existencia.

Mis nervios se huelen poseídos de formol

y la histeria ha arrastrado más almas que la misma peste.

Oh, mi tenue incienso,

mi nefasto horror, mi sensual diva,

mi encantadora y mórbida musa del llanto;

mis tripas cantan mil alabanzas en tu nombre,

y no hay tripa alguna que guarde silencio.

Sentada sobre el trono de las almas

y yo a tu diestra ¡O mejor aún! A tu siniestra.

Semejante a un demonio me elevo hacia ti

y el humo que sufre su partida

me llena los pulmones para gritar

y romper el Universo como si fuera un espejo:

¡Hosanna Muerte!

¡Hosanna!

Una piedra gastada en la chispa

Quiero escribir un par de versos,

hacer que este dolor valga la pena,

este pequeñito

inmenso dolor.

Pero apenas puedo moverme, preciso de una gran quietud para rumiar estas astillas;

horas y horas de quietud.

Mi alma distribuida, desperdigada en las heridas, sumergida en una miel amarga;

deseosa de levar anclas y zarpar (cuando es ella misma el ancla).

Qué indecorosa inmovilidad,

qué vergüenza de criatura,

qué hálito mal concebido.

Escapa alma mía, vete lejos,

libérate de esta saco de carne, huesos, fluidos y excremento

(lágrimas y dolor suficiente para volcar un planeta).

Ninguna de tus fantasías se hará realidad conmigo.

No recogerás nada

estando conmigo.

Mi corazón es tierra muerta,

ansia marchita.

Estudio para un epitafio

…y mi ánfora está seca.
Soy tan mal anfitrión
que nada tengo para recibir el Fin,
nada que ofrecerle.

Mi vida igual se la llevará.
Mi saco
ya vaciado
de existencia.

Tal vez cuando me alcance la muerte,
entonces no sea más que un fantasma.
Un mero fantasma comprimirá la muerte
cuando me abrace.
Un mero fantasma seré para la muerte
cuando me bese, temblorosa,
enrojecida. Cuando en tediosa persecución
me agarre la muerte:
Recibiré en las costillas todo el odio de las eras,
órgano a órgano, reventado por dentro.

Hasta que no quede sino un eco en el aire.
Un leve eco que nunca fue grito,
ni risa,
ni contuvo jamás una plegaria.

Reencuentro

Cuando vuelva la muerte le voy

a dar un abrazo muy grande.

Seré el mejor anfitrión, será del todo bienvenida.

No huiré, no haré preguntas estúpidas,

no plantearé ningún dilema o paradoja,

no la desafiaré al ajedrez.

La amaré como se ama a una hermana

largo tiempo ida.

Recién rescatada de un sólido olvido,

de una ciega distancia.

Compuerta

Quiero salir de aquí.
Que alguien o algo
un ángel o un caído
o una sencilla escopeta
me dispare de aquí.
Que no se sepa nunca mi
paradero.
(¿Qué es eso de elegir paradero,
de creer que hay un lugar u otro adónde ir
cuando nadie está seguro?)
Agazapado en las sombras, olvidado,
por completo destruido,
descansado
voy a yacer.

Y ellos, los vivos,
con los ojos cerrados,
me invocarán en silencio.

Bolero sin guitarra niega el eterno retorno

Jamás

Ni por azar

Ni por negligencia divina

Ni por nada

Haber nacido

De nada ha servido soportar esta existencia

Solo dolor me ha servido

Solo dolor rebosa mi pocillo

Es mi sorbo de cada momento

Es mi medicina prescripta

«Un trago más y se muere

Un trago más y no se muere»

–Nadie sabe nada–

Y aun así

Gritar:

«¡Bien, otra vez!»

(Jamás).

Un poco de esto

Me pongo el sombrero

o me pego un tiro

de sombrero

Y nos dejamos de

afanes

y sombreros.

Solicito evacuación

Sácame de aquí.

De esta ciudad-cartón tan mojada.

De esta ciudad-galleta tan mordida.

De esta ciudad llena de huecos

y asesinos. De gente que quiere hacer el mal

porque les hicieron mal. De esta ciudad infantil, resentida, adictiva.

Sácame de este abrazo inmóvil

que ha encallado en mi carne para siempre.

No merezco estar aquí. Aquí no soy competencia para nadie

(ni en el amor ni en la materia)

no represento una amenaza para nadie.

Soy un ladrón de aire, de agua,

de comida, de fluidos genitales

y de abandonos al rojo.

Vivo una doble vida, soy nada y casi nada;

el último segundo de crepúsculo,

un saco de miedo, un bolsillo de insectos, un gemido sin raíces,

una cosa ausente.

Ni aquí,

ni allá,

ni en nadie

merezco estar.

Por eso te pido a ti,

a mí,

que me saques de aquí.

Una de las caras

Quiero escribir pero tengo miedo de medusas en bandada, de fugaz navajazo, de

suelo que se hace brisa.

Mis muros pintados de azul tienen granos de sangre,

la memoria irrestricta se niega a morir, me condena a ser

siempre el mismo, sin posibilidad de salida, sin botón de expulsión.

El amor no está aquí en mis manos,

ni arriba en mi cabeza,

ni aquí adentro en el pecho.

Se ha ido, ha levantado sus alas y se ha ido,

no solamente por el invierno.

Así que ya no lo espero más,

solo el momento en que mis manos

mi pecho y mi cabeza cesen labores.

Requiero un largo descanso de tanto noser.

Bancarrota

Si ya no puedo dar nada

qué espero para morir.

Si mis raíces se quedaron secas.

Si nací para perder y un sol

que no se acuesta me calcina.

Si adentro nada quema,

¿Por qué no me he derrumbado

como un edificio herido en sus

cimientos con explosivos?

Silencio. Frío. Soledad. Mediocridad:

Únicos señores que se pelean mi reino.

Veo sus risas cayendo

como una cascada de navajas sobre mi animado cadáver, tintinean en la cabeza de

mi cripta de cristal hasta romperme.

(Soy íntegro causante de esto)

De esta ruina que gira sin descanso

como una divinidad con daño cerebral.

Tanatonauta

−Como no puedes hacerlo de otra forma,
te suicidas de la única forma
que conoce un perdedor:
Bebiendo las porquerías que da la falta de dinero.
Cualquiera que haya sido tu misión en la vida
ha fallado, fue todo un desperdicio de carne y de tiempo,
de llanto y de pasión, una intención fracturada.

«Quisiera cerrar los ojos, decir adiós, frenar en seco,
dar vuelta a la llave, sencillamente no soy capaz.
La vida me ha arrancado del aliento universal
y me ha sepultado de cadenas,
me ha dado un cuerpo y un corazón
y allí me ha dejado, cautivo, disminuido, machacado.
Vivo despacio mi muerte, despacio froto mi pecho como si de mis manos brotara
una pomada. Hasta siento una corta sensación de alivio,
pasa rápido. Es la liebre que quiero abrazar
porque la imagino frágil, suave, olorosa,
un paraíso para el corazón».

−Eso es lo que te hace poeta,
pensar en conejitos y en maricaditas, en lágrimas
que son como perlas que ciegan al brillar,
en sentimientos que cuelgas del cuello como amuletos,
en voces que oyes para no quedarte solo, en creer que la locura
te hace especial, en seguir creyéndolo
a pesar de la evidencia;
a pesar de que la mentira es alcaide
de tu existir, de tu seguir esperando una
indemnización (pues has mostrado el certificado
de que has sufrido).
Olvídate de eso y pasa a la página final,
donde te está esperando el punto que culmina esta comedia.

«¿Cuándo hará presencia la verdadera aniquiladora?».

Autómata

Soy como un cadáver conectado a una máquina

que lo hace gesticular, recalentarse de deseo,

hervir de llanto, aferrarse al motor fundido,

suplicar al dios del voltaje que queme todos sus circuitos (que queden insalvables

los archivos de memoria). Y que de una patada sea tirado a la zanja donde

van a dormir todas las cosas inútiles.

Lejos de

la risa de los vivos.

¿Por qué es tan difícil cesar de una vez?

Dedicado a Emile Michel Ciorán

Corazón;

para ya

Pulmones; ya!

Riñones; deténganse

Hígado; ya no más

Cerebro;

ríndete enseguida

Paren todos de una vez

Paremos todos de una vez órganos

míos.

Alma mía;

lárgate de inmediato,

estás despedida.

(Cuerpo mío;

púdrete de una vez)

¡Púdrete!

Hiede hasta el borde.

Devuelve partícula por partícula

aquello que usurpaste.

Vuelve cabizbajo al seno de la tierra.

Que nuestra Madre te mire

al llegar

con desprecio

y gima.

Respuesta

Dedicado a Albert Camus

¿Quién está aquí?

¿No es el que por voluntad propia

se erigió en destructor

para servir al constructor

con ciega locura?

No nos engañemos:

Bajo este montón de basura

fulge una roca que no se mira con osadía,

que enmudece

y hace frágiles las ideas.

Endurece el ceño y petrifica las formas,

desborda a borbotones los jugos de la

tierra

y se los bebe.

Vierte hacia adentro

—aunque también hacia afuera—

un fuego que purifica.

Resiste los impactos del dolor,

los agrieta, los destrona,

se los inyecta y sigue en pie como si nada.

Mirando de frente

el odio puro

de los dioses.

Duda casual III

A Ricardo López, verdadero tanatonáuta.

Luego de docenas de fenobarbitales, dos lavados de estómago y un

 paseo de la muerte

¿Por qué sigo vivo?

La vida está llena de misterios, de maravillas. Ciertamente no he cumplido

mi propósito, hay algo que todavía no he hecho, dispensarme.

Por eso sigo aquí, dando un reporte de mi fracaso al Universo.

Paseando mi cuerpo inútil en este paisaje de brocha ruda,

en esta pesadilla insomne.

Queda la experiencia, la valiosa experiencia, «Con cada día uno aprende»,

dice el cieguito y tiene razón.

No he muerto pero el cobarde ha muerto, el suicida de pacotilla ha muerto

(Envenenar mi cuerpo…) Mi corazón es una pastilla de cianuro.

Lo que necesito es plomo.

Una bala de plomo que me aplaste el cráneo,

que propague lo mejor de mí

por todo el suelo,

que se alimenten en venganza

de mi materia

las hormigas.

En cuanto entres

corta toda forma

ponle candado a la puerta

No llores en voz alta

Abre

la bolsa

Introduce tu mano en ella

(Sin

mirar)

Apriétala

métela en tu boca

Trágate toda esa roca

de pastillas

pásalas con vodka y espera

Sólo quédate quieto y espera

Que nada en el mundo

le impedirá venir

por ti

Los demás

se enterarán

después

Cuando haga sol.

La cita

Está de moda morirse de algo:
de cáncer, de diabetes, de hambre,
de rabia, de impotencia, de soberbia,
de tener las arterias tapadas,
de tener las almas tapadas.

Hay unos que mueren por
retrasar sus muertes. Hay otros que mueren
por puro snob. Otros mueren como por coincidencia
o fastidio. Los más recientes se mueren de aburrimiento, de esperar, de aguardar,
de ver los días repetirse uno tras otro, de no ver caer la bomba, de alimentar la
fantasía
de que un meteorito, o una helada,
o Godzila
o la explosión de todo
acabe con lo que no pudimos defender,
etc.

Yo, por mi parte, quiero una muerte noble. Morir de amor, por ejemplo. Morir
lentamente de ese envenenamiento que causa el reservar toneladas de amor a
alguien
(y que ese alguien no venga a recogerlo).
Y el hedor y el tedio y el terror y el ciego dolor
me aplaste de golpe.
Morir de una infección por esa astilla de amor,
morir lentamente como una estrella de amor,
morir de repente
por una explosión (nuclear)
de amor. Morir de una aplastante
(discutible)
(desproporcionada)
invasión de amor.

Morir de una matanza de amor,
de una epidemia de amor. Ser alcanzado
por la mandíbula del amor. Heridas profundas dejan
las dentelladas de ese dulce horror que es el amor, heridas que repugnan al
olvido, machacan el alma sin jugo y te dejan muerto,
en vida.
En un más allá del dejar de existir.
Es la vida que tengo.
Es la muerte que muero.
Es mi solo destino.

5

Agón

Primitivo

Un verdadero creador no espera a que llegue la hora de la poesía,
ni a que nazca o surja. No cree en apariciones. Un verdadero creador
caza su propia hora, la rinde a su cadencia.
No la conserva, nada domestica. Engulle casi sin masticar a su presa.

La digiere, la excreta, la plasma…

Reposa y se levanta como si algo allá en el cielo
tensara invisibles cadenas.

Recoge su lanza, aprieta su odre. Único amante al que besa
largamente.

Escucha el suelo, olfatea el aire, y se arroja corriendo tras la manada.

Botón de encendido

Quiero clavar una estaca en mi dolor

y prenderle fuego, hacer de él una antorcha,

guiarme con su luz. Sonreír ante cada cosa

que quede atrapada por su brillo. Que a cada paso

irrepetible

ingrese

en una aventura irrepetible.

Que ni yo me lo crea

aunque no pueda parar

de cantar,

de jugar, de inquirir.

Como un inmortal en una fiesta eterna.

Que mi risa se ensanche

como guadaña cegadora

de amargas hierbas.

Que se abra paso

el ser de risa loca

que precede mi inconsciente

tome el timón,

y ponga curso a babor

con un grito

inexpugnable.

Sin que sea necesario un tábano

No te detengas a preguntar
si está bien o está mal,
inténtalo.
Pueden fingir, mirarte con sospecha,
lo cierto es que a nadie le importa
en absoluto.
Estás solo es esto.
pero,
¡Anímate!
Aún pesa tu odre de vino
y en la noche no suena una sirena,
puedes poner música si quieres (sin
quitar un ojo del cuaderno),
apretando firme el lápiz o el bolígrafo.
No olvides vigilar el sueño,
no sea que rompa la cerca de tu entusiasmo con
sus coces y huya lejos.
No pierdas de vista el objetivo
que es hacerse pedazos contra un punto final.
Esparcidos como pintura
en el rostro de las hojas secas.

Agónicas

Al adolescente del corazón robado

I

Dios bendiga y los ángeles

besen el culo a aquellos

que lo hicieron por deleite.

Aquellos a quienes escribir les hizo bien. Cada palabra que trazo

arranca un picotazo de mi ser. Cada palabra un picotazo. Ellos lo

hicieron por placer. Cuánto los envidio. Su grandeza es una excusa

de mi debilidad, de mi mediocre criogenia.

Auténticos titanes que aniquilan las montañas del tiempo y la memoria.

El cerebro de los lectores cae haciéndose pedazos, los ojos estallados de gozo

verdadero, la adrenalina al máximo. Tal vez hasta un poco de amor es destinado,

un poco de amor muere de desdén en un breve descuido. —Huracanes por

sombrero, libertad, caos, colapso capital del planeta de las palabras, ingenuidad

perpetua—.

II

Señores de la creación, poderes primigenios, les suplico, los invoco, los conmino a

que me revelen cómo hacer

monstruosa el alma.

Vecinos

Gracias a ella misma,
la poesía es silenciosa
(cuando quiere)
e inodora
y etérea.
Nadie sabe que está naciendo.
En realidad, a nadie
le importa,
mientras sea insonora
e inodora y etérea.

Juntos somos invisibles (invencibles)

Así
evitamos las antorchas y las horcas.

El **reparo**

¿Estaré sufriendo el mal de Mallarmé,

buscando el poema perfecto?

¿No soy acaso consciente de mi caducidad?

Solo busco el poema

que cuando lo leas

te ponga a volar. Lo abandones

y después, cuando vuelvas

a cogerlo, te ponga a volar. Y nuevamente lo abandones.

Para que un día, cincuenta o

sesenta o setenta años después,

lo cojas

sonriendo

aunque nervioso o nerviosa,

te sientes en tu silla predilecta

(tal vez tu única silla),

lo enciendas, lo entiendas

y te ponga a volar.

Sublimación

¿Qué es la contemplación de un poeta? Qué sucede cuando va subiendo una colina, las briznas quebrándose a su paso. El viento siempre noble, repartiendo caricias.

El sol cayendo como un meteoro paciente, tan cerca que abrasa las nubes. Cuando, huérfano, alza la vista y dispara el tacto en todas direcciones (En el cielo herido de muerte aparecen las primeras sombras vivas, pájaros rezagados vuelan en la joven noche). El poeta sueña: sus sentidos se despliegan, inocente trampa, y cual aprendiz impaciente, quiere devorar todos los misterios. Pero su alma, como un resorte que se ha estirado demasiado, resbala hacia la carne, sin alas, sin paracaídas. El doblemente herido cae, parece el final de todo lo que existe. Por alguna razón, el poeta renuncia autodestruirse con el Universo. Se levanta, su rostro se ilumina como una lámpara de aceite, sonríe…

Se marcha cargado de energía, apretando contra su pecho toda esa potencia, toda esa demencia. Al llegar a su guarida deja caer sobre un papel a la asfixiada criatura.

Experiencia disecada en poesía.

La hojita de la hoja en blanco

Qué buena se ve la hoja en blanco.

Qué blanca, qué pura

qué inocente

qué virginal, qué rica.

Contigo me puedo

comportar como un violador

si quiero.

Puedo hacer lo que quiera contigo,

que no vendrán policías ni investigadores

de ningún tipo. Te tengo toda para

mí.

Me puedo cebar contigo, cometer todos los crímenes contra ti y el vecino apenas

si se enteraría.

Puedo desatar mi animal sobre ti,

nada me lo impide.

Pero (por variar) me portaré decente,

seré un caballero. Escribiré dentro de ti

unos versos que te harán dichosa,

unos versos que te harán

alada.

Consejo de guerra

Servir a la poesía.

Ser el estandarte ajado, desgarrado

de proyectiles, de la poesía.

Marchar con la frente en alto, no dejar palabra atrás.

Entonces se diría: «Es que hay palabras de palabras».

Y sí, no hay dos iguales, cada una es un individuo.

Las hay robustas, hay unas que están como desmayadas, otras hierven de ira o se desaguan de paciencia. Unas gozan

de grandes privilegios, otras reciben pocas, casi ninguna caricia. Las hay aventureras, su aleteo las impulsa lejos del significado. Las hay esquizoides, como baúles llenos de máscaras, uniformes, cosas vivas, cosas muertas.

Sin importar cómo sean siguen ese estandarte que eres tú,

esbirro de la poesía.

Cuida bien de ellas

ámalas.

Son tu ejército, las tropas de tu perdición,

marcharán contigo, sin vacilar, sin importar mañana, hacia los dominios del no ser. No subestimes la más pequeña,

contra la nada se necesitan todas las fuerzas

posibles.

Juego

Una página en blanco es un blanco.

Dispara
cuanto tengas contra él, dispara.

Si te quedas sin munición, si el blanco sigue en pie carga de nuevo, puedes cargar
tus armas o adquirir otras nuevas.

—Otras reglas operan detrás de la pantalla—. Adquiere lo necesario, el tiempo
allá es diferente, parece estar de tu lado.

Recoge todos los ítems, alcanza el máximo nivel. Y una vez lo tengas
(al blanco) de nuevo en la mira, dispara todo tu arsenal,
no te quedes con nada, hasta que el gatillo cancanee en el vacío
y a tu alrededor yazcan todas las armas posibles, humeantes,
ya sin munición.

Espera que se disperse la nube de escombros,
deja que tus subordinados confirmen la destrucción del blanco.

Pero cuando te griten aterrorizados que sigue en pie,
que todo el arsenal posible no ha causado el menor rasguño,
que todo fue al fin nada. Tal vez comprendas que el blanco solo cederá si te tomas
en serio el juego, si te tomas de una sentada el trago, si descargas toda tu alma;
tu vida allá, tu vida acá, tu vida entera.

I

La poesía es como mi chulo. Todas
las noches viene a mí a ver si tengo
algo para ella.
Me insulta, me pega,
me humilla.
Le muestro los pocos
(y malos)
versos que he podido conseguir.
No está satisfecha,
me golpea otra vez y me tira lejos.
Pienso que está bien, ella me cuida,
me da lo que necesito.
Mantiene mi alma en vilo,
a una prudente distancia de la inmundicia.

II

La poesía es mi antisicótico.

Me pone el freno.

Si no es por ella sería

una cáscara vacía más:

un asesino,

un violador,

un suicida.

Una cosa adolorida

que haría lo posible

por compartir su dolor,

su inmenso dolor con el prójimo más cercano
—de ser posible con todo el mundo—;
un ascua en el desierto sin pilar de apoyo
sería.
La poesía me da la pastilla,
me acaricia, me da amorosas cachetadas
y recobro un poquito la esperanza, la compostura.
El rencor disminuye
un poquito.

El cuchillo recobra sus funciones
de hacer la ensalada
y cortar el pan.

Esbirro

La palabra no espera, no es una amante,

no está aquí para ti, no tiene extremidades con las que pueda rodearte,

no tiene sexo del qué sorber.

Entiende que no eres tú quien toca

la palabra. Es ella quien te somete, quien te penetra, quien te hace suya,

quien te hace sentir doncella.

Es ella la que tiene los pantalones

y la que manda la parada.

Tú eres una ficha más

en su pausado,

magnífico,

estéril proyecto.

Carta a los jóvenes poetas

Si has leído tu primer poema

y te propones escribir el primero.

Has de saber que luego del punto final

no hay salida ni retorno:

La poesía es una infección sin cura.

Creer en mí

ciegamente

esperanzadamente.

Con los ojos centelleantes de entusiasmo,

como quien intuye que el fin es llegar al fin,

como quien no alimenta consuelo alguno,

como quien adivina que todo esfuerzo

es vano.

Último plomo

Lo poesía no lleva copiloto

ni piloto

ni vehículo.

Es el viaje mismo

un viaje sin retorno

a ningún lado.

Borracho de nada

(Carta a la poesía)

Por ti es que estoy así,

para ti es que me pongo así,

por ti me entrego, todo completo

para ti. Y te necesito, te necesito más que nada

en esta vida. Te necesito como al humo y al licor

que dentro de mí circulan. Metido en este viaje

por ti.

E iré más lejos, te lo juro que iré más lejos,

más que nadie, más que cualquiera por ti.

Entonces nadie podrá decir nada

¡Nadie podrá decir nada nunca!

Remoto

La poesía es como la gran ciudad de Uruk

ante cuyas colosales murallas

desgasto mis uñas rojas.

Como una bestia enloquecida

suplicante

sedienta.

Estoy loco de remate

apunto de morir, loco por morir, que algo me remate.

Remátame.

Devórame.

No dejes nada de mí.

Tritúrame los huesos

(Tritúrame de besos)

digiéreme completo.

Incendia mi alma hasta la ceniza,

arroja a un volcán la ceniza.

Sumerge en ácido la ceniza.

No reescribas mi nombre, no recicles mi ceniza.

No dejes nada.

Ahoga, en un río de flamas, mi resurgir.

Estrangula con tus garras mi eternidad

(por la eternidad).

Borra mi número de tu tablilla, de tu espejo de encajes, de tu bala expansiva.

Desintegra mi consciencia

¡Déjame!

Hoja en blanco.

Hoja en blanco

Déjame.

Borra mi número de tu tablilla.

Por toda la eternidad, en un río de flamas,

ahoga mi eternidad.

No recicles mi ceniza.

Sumerge en ácido la ceniza.

Arroja a un volcán la ceniza.

Destroza mi alma.

Devórame.

Reviéntame.

Divertido de sufrir, sin puntos por fingir,

repulsivo hasta morir

loco de remate.

Abuso de la falta de rigor

Un lapicero a punto de acabarse,

más lo dedos pegados a la frente,

más la larga ceniza que deja el cigarrillo,

más la botella de oro opacada a voluntad.

más las cuatro y veinte de la mañana

menos las horas de sueño

Igual a un verso

enjuto

enfermizo como un balón pinchado.

Divina miseria

Alejarse de los

lejanos,

alejarse de los cercanos,

alejarse de todo el mundo y descender,

sí, descender al inframundo rico en creación.

Descender sin temer:

El paso firme, sin copiloto

sin Virgilio

sin "Cicerone".

Solo ante las palabras

que arden, suplicantes, heridas, derretidas

llenas de dardos

(sangrando ácido por los ojos).

El humo que asciende a increpar vanamente el trono.

El trono sordo de vacío.

El trono de nadie, en cuyos audífonos entra de lleno el vacío.

El trono que es como una explosión hacia dentro,

ciega de vacío.

Vapor de odio que se mezcla y sufre

y como lluvia caen los golpes de

borrador

de la nada

(que al ego reduce).

 Lo que queda no merece

siquiera

nombre.

El chiquito

Deja de

mirar las mismas hojas rayadas

y escribe uno nuevo.

¿No te

atreves?

Podría sorprenderte

o podría decepcionarte

como ahora.

El palo de guayaba no da poemas

Odio mis poemas.

Son tan acordes

tan euclidianos (en medio de su baba

tambaleante) tan

aferrados a la tierra

tan hermanados con el hombre y sus desdichas,

tan anclados al mundo y su gastritis,

tan serviles. Quisiera hacer una bala con ellos,

un fuego. Dejarlos sin cabeza

sin camisa, inhalar hondamente su polvo de vidrio

y verter su ajenjo en mi sistema.

El retorno de la duda

¿Qué fue eso?

¿Con quién me topé?

¿Por qué razón frené

esta mascarada

de hombre sapiente

y profundo?

Dizque poeta.

Pero yo conozco su juego

no es más que una marioneta

de excusas.

Tiembla

titila

al concebir el más pequeño esfuerzo.

¿Qué poeta va a ser

si no blande el hacha más grande,

si no viste un corazón de acero,

si su grito no es tan fuerte

para romper la atmósfera?

Poema de impotencia

Estoy frente a un teclado,

todas las posibilidades al alcance de mis dedos,

todas las formas de vida, todos los destinos.

Soy como un dios impotente ante sus propios utensilios.

¿Qué crear?

¿Qué hacer real?

No lo sé

Solo sigo mirando el teclado

con cara de bueno

y el corazón infecto.

Súplica

Dame algo para escribir

Señor del Universo

o acribíllame con el arma de mayor calibre.

Pero no me dejes ser

un

simple ser.

6

Anomalía

Un potente chorro de semen

me trajo al mundo.

Saludo a mi potente padre.

Saludo a mi tenaz madre.

Saludo al hijo, todo un poeta.

Saludo esta obra magnífica.

Saludo el Ser.

¡Que viva el poeta!

En medio de la soledad más espantosa, pero que viva.

En medio de la

burla

la vulgaridad

y la escasez

¡Pero que viva!

En medio de la inmundicia más inmunda, pero que viva.

Que para eso es poeta[2] .

Para crear.

Para destrozar.

Para aguantar también.

Para luchar.

Para no dejarse de nadie.

Para comerse la vida a dentelladas.

Para soplarse la vida.

Para eso y no para otra cosa

naciste.

Dichoso

---

[2] Gracias X-504.

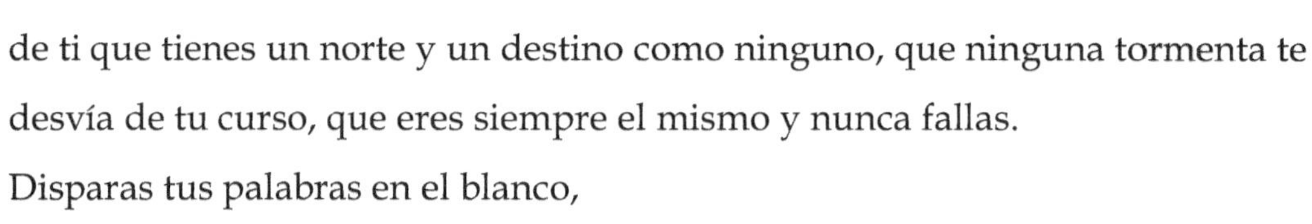

de ti que tienes un norte y un destino como ninguno, que ninguna tormenta te

desvía de tu curso, que eres siempre el mismo y nunca fallas.

Disparas tus palabras en el blanco,

la mano no tiembla,

el punto cae en su sitio.

¡Salve poderoso ser!

Solo no olvides que después

de toda una vida de palabras

viene el silencio.

Poeta roto

He roto la palabra.

Roto por la palabra.

La ola que encuentra su media naranja, su acantilado, su roca inconmovible.

Silencio palabra Silencio palabra Silencio palabra.

Espero mi pesadilla de hoy, de mañana al mediodía.

Mi sueño, mi angustia.

Mi carita que siempre dice algo, siempre me delata.

Sólo un poco de tiempo más dejaré mi cerebro en la pecera de vinagre.

Sentiré cómo se estiran mis neuronas, como cauchitos que al poco revientan.

Llueven estallidos en mi teja falsa, ronroneo de sapos, perros

que muerden la noche con ojos cariados.

¿En qué momento dejaste que sucediera esto?

¿En qué momento olvidaste ser niño y te convertiste en un simple?

¿En qué momento dejaste que masticaran tu alma así?

Dejaste que muriera el enamorado.

Dejaste morir al niño.

Dejaste al poeta morir.

La almohada llena de corazones oprimidos ya no late para ti.

La pared blanda de libaciones ya no mana para ti.

Sin sistema, sin disciplina, sin corazón, solo eres un palabrero.

Una boca a la que se le caen las palabras.

—En la filosofía no hay tiempo para el dolor—

—En la arquería no hay tiempo para el dolor—

—En la poesía no hay tiempo para el dolor—

(Después del dolor, en mi pecho otra cosa no ha cabido)

«Sangra, sangra, sangra sin parar[3].

Alma, alma, alma sin parar».

Sin despedida, sin discurso aliviador. Muerto.

Disimular ese rencor que se pudre, viscosidad que me abandona.

Un verde ablandamiento. Un resbalón en los dedos, una película en los labios.

Una red que el deseo ha traspasado como un pájaro ebrio.

Una conexión marchita. Una alteración que los sentidos desaprueban.

Un sueño al que se huye. Una enemistad declarada hacia la noche.

Una culpa que brota del pecho como una anguila. Una mordaza que

impide agarrar la vida. Un cansancio de todo lo que me rodea. Un deseo

de soñar por siempre y sin interrupción. Un deseo de no morir y de no tener

conciencia. Una total derrota sobre mi cuerpo inconcluso. Un reproche

a la armadura, una risa que me corta como una segueta. Una impotencia

quebrada. Un llanto sin baterías. Una blandura de todas las capas.

Una falta de corriente, de papada de rana. Un jamón en mi máscara.

Una risa segueta…

---

[3] Gracias Charly

No listo para usar

La pantalla como un cíclope ciego,

me mira.

¿Cómo no sentir la presencia de esa mirada que se multiplica, se vuelve entidad,

entidades, linajes de dioses que han asistido a mi vergüenza?

Acepto que no soy artista, reconozco no ser estudiante de filosofía, no soy

estudiante de nada. La nada es mi única carrera. Mi único ismo es el abismo.

Sólo creo en lo que envenena.

Lo que me da la gracia de reír herido,

abrazado a la lanza que sorbe mi espuma.

Sacudo los pies en el aire de contento,

Hoy me siento con la suerte de todas las rarezas.

Hoy atino mi moneda en el centro

de la frente de la fuente.

Mi deseo cobra vida de ave,

escapa llevándose la jaula.

(Y no puedo evitar reír,

mi destino impuesto

no sé por qué jefe).

A todos les debo,

a todos me debo. Aunque todo entregue

aun sigo en deuda.

No hay crédito ni confianza,

no hay muro de lamentos,

no hay techo que sostenga mi llanto,

no hay cielo que pelee contra el cielo.

Sigue intentándolo niño

y prepárate para lo peor. Prepárate para el desprecio que tanto te disgusta.

Prepárate para la inmediata mudez de los corazones cuando te vean.

Prepárate para el escupitajo en la boca.

Hasta el repartidor de tubos de blanca esperanza

te hará prender las velas de la paciencia,

al final te dará una mordida de perro solapado

al que das la espalda para marcharte a la casa a gemir, a retorcer tu alma, a ver si

sale la mugre,

a ver si vuelve el olor

a bebé de poesía.

No apagues, desenchufa

¿Cuál es mi deuda con esta mente donde estoy cautivo?

Romper la represa que me contiene

con toda su fuerza.

No hay material más resistente que el de la represa que me contiene.

Parece como si romperla fuera la revolución tan esperada.

Todos, muy en el fondo, queremos que colapse el sistema.

Señálame alguien

que no quiera romper su represa

e inundar el mundo.

Cosa

Se necesita contemplar el vacío un momento

para que haya palabras.

El vacío es ese punto que miramos sin mirar

es la pared y no es la pared, no es ni más allá ni más acá pero ahí está.

Es como desaparecer

aplastado por un muro invisible.

Sentir como si resbalaras,

como si te debatieras en una garganta

apretada por manos homicidas,

como si fueras el vómito

a punto de salir.

Cuando dejas de sentirte náusea

o carroña emerges

y no hay un solo cambio.

Sientes la decepción de seguir viviendo,

sin darte cuenta de que estás otra vez en el juego, que nunca has salido de él.

Otra vez la presión. Disminuyes.

Nunca del todo eres destruido.

Resbalas exhausto entre trincheras

de papel rayado. Salpicado de locura,

huyendo hacia la celda de la herida

sin conjuro de retorno.

Psicópata

La maraña de calles luminosa

en el filo de una tremenda

bocanada.

Casas, costumbres

(¿Campeonas las rosas?)

Sigue sus impulsos regulares,

rechaza los aceites que se mezclan.

La flecha de la media noche sueña con gargantas, él aprieta y afloja detrás de

arbustos transparentes.

Empieza a parir un juego su cerebro.

Él es un héroe que te niegas a ver:

Sólo acudes al trasplante de inocentes,

de cunas sin balanceo,

de viudas con congoja entre sus piernas,

de conjeturas policiales,

de niños que se desmiembran como moscas,

de conversaciones cortadas con las uñas…

(La cuerda del piano no es ociosa, ha estudiado todo los tipos de piel,

tanto como el jabón de grasa de cerdo.)

¿Para qué te cubres?

Tarde te enteras del engaño,

 te equivocas de oración,

tu terror es su concierto.

Clones de Caín giran la perinola de tu destino. El cuchillo nunca pasará

de moda.

Psicópata en tu vientre.

Psicópata en tu alcoba.

Psicópata en el techo.

Psicópata que huye.

Sombra que conoce la virtud de

hacer manar la sangre como fuente, lacerar el arte

en tus heridas y abandonar, íntegro,

la escena sin un ruido.

Psicópata egoísta:

Cualquier cosa gritas,

y en segundos traeré tu muerte a domicilio.

¡Satanás!

He pronunciado esa odiosa

palabra y no se han oscurecido las nubes,

no se ha abierto la tierra,

no me ha comido el fuego.

Es una mera alegoría

de lo que tú eres;

aquello que escondes bajo

las sábanas de la piel,

que tienes en un rincón enjaulado.

Pero los barrotes se fatigan,

terminan por consentir.

Entonces advertirás que

nunca supiste nada de ti,

nunca dilucidaste esa alma con la que cohabitas,

que eres para ti mismo

un completo desconocido.

Todos somos legión por

dentro.

La señal

Ni dios ni diablo existen, solo un

Centro

velado a nuestro ojos y artefactos.

Demasiado cargado, demasiado lejano y luminoso,

demasiado hecho de alma para que lo apreciemos

(meros adictos del beneficio). Centro inalcanzable, como ha sido

siempre todo Dios. Aunque hayamos podido yacer con ellos

(inclusive joderlos). No eran ellos, eran muñecos manejados desde arriba por

secretas, eternas conexiones. Eran muñecos.

Recibían el llamado, respondían. Nadie supo quiénes eran o a qué asunto venían.

Los hicimos objeto de culto para evitar inconvenientes, pero nunca logramos dar

con lo que querían y enfurecieron.

En un intento de perdernos se perdieron para siempre y en ese irse algo nos

arrancaron, dejándonos en el pecho un agujero.

Se llevaron el Centro.

No pudimos comunicarnos,

no podemos volver a hacer contacto alguno.

Balance

¡Arde corazón! Ya no me interesa el alivio,

no me interesa la "vida normal" ¿Quién quiere una vida normal? Reniego de los

que la desean, de los que creen que la tienen. Me dan pesar, tanto pesar como sus

repulsas de mil caras Risa, Odio,

Menosprecio, Burla. Todo fundido en una mirada.

Y esa mirada no se dispara en vano;

a pesar de la meditación, de Séneca,

los tres iniciados, la poesía. Esa mirada no se dispara en vano.

La recibo con el pecho desnudo, traspasable, traspasado.

Por algún extraño azar todavía vivo. Cada segundo debo reinventar

el motivo de mi existir, de mi no existir existiendo

—Sin ser Drácula, sin ser un muerto viviente cualquiera— debo dar

respuesta a esa pregunta que no acaba nunca de formularse,

aunque cuando acabe no importa. Aunque importe no importa.

Sigo conectado, a pesar de todo, adicto de este juego. Tendrán que sacarme a las

malas si me quieren fuera.

Sé que tardarán, porque como yo, son cobardes. Me temen a mí, que les temo.

Pero llegarán porque como yo se llenarán de rabia y temeridad hacia ese miedo.

Querrán destrozar la máscara de ese miedo, (máscara de miedo que tengo puesta,

que es mi propio rostro).

Vendrán, rechinando los dientes, contra mi máscara

y yo los esperaré y me jugaré el alma.

Me jugaré la cabeza como quien tira un dado,

una bomba.

A tono

Ya que todos los poemas han sido dichos

nos podemos sentar tranquilos a conversar,

Señor.

Es vital que me escuches.

Ya no soy tu mensajero;

nadie te oye

nadie te teme

nadie te cree.

Hablo ahora por la humanidad que tiene

bastante que decirte. Entre otras cosas,

¿Por qué siempre tienes los ojos puestos en el detalle,

por qué siempre te inclinas a lo pequeño,

por qué siempre ayudas a recuperar el gatico,

a pasar raspando, a encontrar mil pesos, acariciar desnudo ese seno

que tanto vimos vestido, a salir bien librado de una exposición inútil,

a lograr que los huevos queden ricos.

A devolver la traviesa oveja al rebaño tantas veces como haga falta,

según lo que supones deben ser las ovejas de bien; cuando todo el mundo

está comiendo mierda?

Todo

el mundo

comiendo

mierda.

La humanidad está harta a reventar de sufrimiento,

Pacha Mama está harta a reventar de sufrimiento,

los delfines degollados borbotan vibraciones de sufrimiento

que no tocan corazón alguno.

El mundo entero se eleva en un llanto doloroso

que conmovería a un Dios más educado.

Pon un dedo donde quieras

Señor

y verás rezumar la llaga

verás el alarido.

Jodidos.

Bien jodidos.

Rejodidísimos estamos.

Y entre más nos movemos, más nos lastima

esta trampa dentada que es la vida.

Danos por lo menos un consejo. Enséñanos a afeitarnos.

Lo hacemos mal, Señor, lo hacemos muy mal.

Nos dejaste a nuestro albedrío y no

aprendimos a volar.

Estamos verdes, niños malcriados,

horrorosos, lastimeros.

Mira lo que hemos hecho con tu paraíso.

Hace rato que nos urge el calor de tu nalgada

porque no estamos dejando nada vivo. Y nos comemos, entre nosotros

nos comemos

sin sal.

Otra piedra gastada en la chispa

El tren ha dejado mi cabeza,

(punzada en el pulmón izquierdo).

Erupción de rocas saladas.

Coronas de dolor como rosas

adornan las cabezas de mi hidra-corazón.

Otra dimensión en las rocas para el moribundo,

el que no cesa de herirse con su daga.

Un derrumbe, una cascada en su pecho,

a través de su interior cañería.

Un documento que certifique que ha sufrido.

Una foto del dolor royendo su alma

como un niño sobre un pastel.

En la orilla del risco de mi oración…

En picada, como un avión de papel desatado.

Herido por el misil de una gaviota, a punto de soltar mi botín, el que

supuestamente me salvaría de la inanición.

Bajo, indecente, inadecuado, anómalo.

No tengo derecho a exigir, nada tengo qué pelear,

estoy noqueado de tristeza.

En pleno día, a los ojos del sol autoritario que arroja sobre mí

sus termitas incandescentes,

pero decentes.

La bondad del mundo dándome alternativas:

trabajo, educación, facturas, policías…El asfalto me vuelve más loco

que la cocaína que aspiro.

El llanto de mis ojos me vuelve más loco

que el rancio licor que mezclo en mis venas.

El smog le da más peso a mi cabeza

que la yerba vendida a mi desesperación.

Soy como una bocanada de éter

disolviéndose en el viento.

La mancha en la ropa de los dioses.

En el banquete de felicidad de los dioses felices:

Ciegos de banquete, sin querer, patean al perro

que husmea las sobras, y luego lo lamentan

y luego ríen, y continúan,

excitados y distantes.

Su fiesta retumba en los techos

y en el cráneo

y en el pecho (de todos los seres humanos).

En los cimientos de nuestro ser confuso,

anhelante. Convencidos de poder lograrlo,

convencidos de hacer entrar la fechoría sin ser percibidos.

Opción terminal,

comodín perfecto

para seguir con la existencia sintiéndose creador.

El único amor que tengo

No quiero salir

quiero quedarme solo con la poesía.

Aunque ella tampoco quiera salir

y quedarse conmigo.

Cuesta abajo

Privándome del sonido y del silencio

quiero despedirme de la poesía

a la que amé con ese amor de mentira

con el que toqué sin pudor las cosas.

Largo tiempo convenciéndome de que nada valía la pena. Y ni siquiera ese

conocimiento me sirvió para encender una luna.

Mi planta de producción fue saboteada desde el principio.

Por mí.

Yo acepté este barro,

hundí mis manos en él,

y desfallezco de vergüenza ante el producto

que me ve, me reconoce,

me sonríe con un dejo de tristeza

y se prepara

para

sin desearlo,

existir.

Pero se raja de a poquitos

Se me antoja aporrear el teclado,

hacerlo sangrar, quebrar sus huesos,

ablandar sus entrañas,

organizar la coartada (que parezca un suicidio);

y después llorar su pérdida, erigir un tótem en su recuerdo

(ceremonia con fiesta)

Emborracharme, perder el sentido, no poder hablar ni caminar.

Que el nuevo verso quede para otro día

y ese otro día aguante y nunca reviente.

Sacrificio ritual

Un animal pequeño,

un bebé,

una mujer joven, de preferencia virgen.

No.

¿Qué tal tu propia mano, una oreja,

un ojo, tu pene o tus tetas colgantes?

Si quieres llamar la atención

del Señor del Verso, debes destinar tu propia carne al sacrificio, llenar odres con

tu sangre, garrafones de lágrimas; ajenjo en el que también irá tu sangre.

Tienes que clavarte en una cruz:

de pie o invertida, el orden no importa,

y recibir la lanza debajo de las costillas.

Aun así, es posible que no complazcas al Supremo, que lo aburras,

que despiertes su ira sempiterna. Entonces parecerá pequeño

cualquier demonio conocido. Qué risible se verá tu peor escenario

cuando lo consideres en retrospectiva. Cuando navegues esa nada

que a los astronautas aterra

y vayas directo a la mandíbula.

Animálculo

Soy un animal de la noche
pequeño, débil, ebrio.
El demonio más chiquito del repertorio
del que se burlan hasta los niños
y las mujeres ignoran. Como si fuera,
efectivamente, un "error de la naturaleza".
Un error que tarda mucho en ser corregido,
«¿Por qué no se muere?». Preguntan sus
miradas desdeñosas. «¡Suicídese de una vez!»
Gritan otras.
«¡De todas las miradas de tipos asquerosos
me tenía que tocar ésta!»
Alegan.
Yo corro a esconderme como el demonio
enclenque y lascivo que soy
(sin poder sobre ningún elemento)
me meto en la primera alcantarilla
al alcance. Y acepto
sin vergüenza,
las grotescas proposiciones
de ratas y otras sabandijas.

Animálculos

¿Qué sabemos nosotros del tiempo?

Somos microbios del tiempo.

Somos pequeñitos, muy pequeñitos.

Orgullosa y consciente parte del universo,

pero minúscula.

Aquello que llamamos naturaleza,

la vida en cualquiera de sus expresiones,

está hecha de unos pocos materiales

superabundantes.

Me atrevo a pensar que mucho más allá

de donde alcanza nuestra nariz satelital,

la vida tiene otros proyectos más o menos alegres.

Si fallamos (y las ganas que tenemos de que suceda)

el Universo apenas lo notará. Continuará imparable hacia los confines

de su propia muerte, unos confines lejanísimos. Nos gustaría pensar

que es eterno (no nos incumbe).

El Ser entero tiene fecha de defunción,

inapelable como la de cualquier otro ser.

Y no lo dudes,

la meta es el no ser.

No importa cuántas existencias ocupes,

si viviste todas las escalas de la maldad

y la lujuria, si fuiste pura bondad. Si fuiste

blanco como una diana. Si fuiste árbol o animal,

bacteria o virus, si tuviste la suerte de ser un tardígrado, igual morirás.

El concierto acabará abruptamente

y no habrá devolución.

Sano

Quiero estar solo una vez más.

Quiero la vieja soledad con el dolor de siempre;

el gimnasio que recién mi corazón aprecia.

He sido hasta ahora el más barato anfitrión

hasta el punto de no valer nada.

Pero yo valgo señores:

"Tres por existir

Cuatro por asistir

Cinco por insistir[4]"

y ciento por escribir.

Y si en verdad quisieran pagarme

no alcanzaría, quedarían en deuda.

Sólo adoro solitario:

Belleza

Sabiduría

Soledad.

Las cabezas

del perro que guarda mi tristeza

creadora.

No más bálsamos,

---

[4] Gracias Estanislao

no más emplastes,

no más parches aplicados sobre una mera cáscara.

Aquí voy alma mía, yo te salvaré de la

empalagosa vulgaridad reinante,

te arrancaré de ese cieno en el que enloqueces.

Seré tu guerrero, tu argolla, tu ariete, tu loco y tu villano.

Tú serás mi placebo, mi mentira, mi tenue analgésico;

mi directa ruta a ninguna parte.

Cerremos juntos las cortinas

que el creador no está en el cielo,

que tu única amistad

es dentro.

Ascensión

I

Magia en el brazo siniestro

para disparar hechizos a dos manos.

Mi hemisferio dominante es el chivo.

Llueven pedazos de cielo,

cerebro contra cerebro, choque de astas, herida de parto.

Surge una bestia nueva

única

sabia.

Señor de las profundidades del verso,

cabeza parlante de la pica en llamas,

San Cangrejo de las nubes en cuyas pinzas

reposan las ciudades de la negra peste.

II

Circula por los caños la hediondez de cada día. La estupidez se atasca

en las arterias. Derrames de cerebro sucesivos, infección del clima.

III

¡Demasiado tarde! Gritan las trompetas del Juicio. Porque la vida es un

apocalipsis:

Todos los días arden las brujas, todos los días hay degollamientos,

todos los días el hombre se come al hombre, comete todos los crímenes

conocidos contra el hombre. Todos los días se acaba el mundo,

todos los días nos vamos al infierno.

IV

El sepulturero ha muerto,

también el verdugo, pero los

cadáveres siguen acumulándose

hasta formar grandes montes,

cordilleras, que como la hoja de un serrucho hieren el vientre del cielo,

cuyas nubes infestadas patrullan las alturas con su carga venenosa.

V

Aquí no valen lágrimas ni arrepentimientos[5],

tampoco vale persignarse, orar, suplicar.

---

[5] Gracias Buñuel.

Ronda

He recorrido las calles buscando casa.

Siempre cambiando de caparazón,

cansando mi nariz en busca del aire ideal

que tal vez ni siquiera exista.

Para mí, quiero decir.

Porque felicidad hay,

eso es lo que sobra. Yo veo la felicidad

y también me dan ganas de tenerla,

pero la he apartado de mi lado con violencia,

como si no trajera felicidad sino desgracia.

Y en verdad, fue desgracia:

Mi tragicomedia personal

(supongo que algún día

a mí también me hará reír).

Sin embargo no tengo que reír

para ser **EL HOMBRE QUE RÍE**.

El que he visto recorrer mis sueños

con nueve espadas en la mano,

alzándose sobre los tejados de la ciudad

que mal conozco, pero cuando duermo,

esa ciudad es mi ciudad. Identifico cada casa con la gente que la habita.

Sé quiénes han reído toda la mañana,

que aún dormidos conservan sus risas.

Son seres satisfechos,

gente feliz; porque tienen al lado al comarca de su corazón.

Al cual, en plena oscuridad, recorren ese tesoro tibio

que sonríe también; los dos respiran de esa seguridad,

de esa magia que los eleva.

Como una mano hecha cuenco, inundada de agua para beber, como esa agua, el

amor sube a sus corazones y los colma de una alegría

que creían no existir.

(¡PERO ESO SE ACABA AHORA!)

Cerca de la cama,

acerco con sutil inteligencia

mi mano a la cabeza de la dama.

Su cabello es el más suave

y el delicado perfume que de él emerge

me hace tambalear enternecido.

Cierro los ojos durante un largo segundo

para recuperar el equilibrio,

y separo mis labios para dejar salir,

sin ruido,

un profundo y desolado suspiro.

Con el mismo sigilo,

extraigo de mi manga la herramienta

que me servirá de arma.

Aquella que representa para mí

toda la brutalidad y toda la audacia

que un solo hombre puede ejercer.

Me refiero al **HOMBRE SOLO**,

fiel compañero del **HOMBRE QUE RÍE**.

Con esta asombrosa pieza en las manos,

reúno toda la fuerza que puedo concentrar

en las extremidades y ofrezco a la criatura

que devora mi alma

otra víctima

para que varíe.

Después de elevar una oración al buen Satán,

dejo caer

el martillo del juez que ha sellado su sentencia.

Una impresión sobrepasa

lo que hasta entonces había sentido:

el sonido de un cráneo cuando

entra en contacto con un objeto

cuyo ímpetu

excede su capacidad protectora;

y todo su contenido vuela,

esparciéndose por doquier.

El novio se levanta y enloquece,

grita llamando al asesino,

retando a aquél que en un segundo

arrebató su dicha, moviendo sus

puños en la oscuridad vacía,

agotando la energía

de la que ya cree una vida

sin sentido.

Al final llora como un niño

y llama a la muerte para que lo arrulle.

Por ese llanto es que he venido.

Bebo en silencio

y despacio

toda esa amargura

(la cual retengo en la memoria de manera vitalicia).

Y salgo casi volando por encima del tejado,

como bailando un vals.

Se preguntarán por qué no usé mis nueve espadas Éstas son para mis

verdaderos enemigos, aquellos que odio de buena gana,

que veré de frente a los ojos antes de rebanar, de desaparecer.

Lo anterior ha sido cariño.

Reservé mi mejor caricia

para esa bella anfitriona.

He dejado como muestra

este acto de ternura, en espera de que en cordial

correspondencia, me brinde la parte

más sincera de su amistad.

Proyecto de vida

Que se revele mi verdadero ser.

Que rompa

por fin

el cascarón.

Que salga la esencia y lo unte todo.

Que se revele

por fin

el animal sin obstáculos, que se desate la bestia contenida.

Por estar aquí celebro mi existencia, la canto y la escribo.

Canto mi ser.

Mi ser completo y por separado.

Canto mis estados,

mis temores,

mis debilidades.

Canto a quien a veces se pone triste

igual que

a quien se pone feliz

a veces.

Es mi destino y feliz lo abrazo. Feliz me abrazo al destino

y lo recibo.

¡Me quedo con él y feliz lo abrazo!

«¿Qué más puedo decir que no haya sido dicho?»
Ya todo fue dicho
muchas veces
y de muchas formas, las más locas jamás conocidas.
De las maneras más irreverentes; Toda una locura de palabras,
todas diciendo todo millares de veces. Multiversos de palabras
en torrente sin fin.

¿Qué más se puede decir,
me pregunto, qué más se puede hacer?
¿Hay algo mejor qué hacer?

Te quiero innovador.
Te quiero brillando.
Te quiero celeste.
Te quiero creando hasta en los sueños.
Te quiero cogiendo la sustancia de los sueños y moldeándola a placer.
Te quiero niño, fundador y destructor.
Te quiero listo para todo. Listo para el principio. Listo para el fin.
Listo para el asombroso acontecimiento que hay en medio de ambos
(Hay astucia en esto).
Te quiero rompiendo mundos,
quebrantando galaxias.
Te quiero espléndido, reluciendo
entre los escombros.
Hermoso como un ángel, solo que sin alas.
Te quiero relámpago.
Te quiero de todas esas maneras y de las otras
que todavía no has podido imaginar
(Tal vez dentro de uno o dos millares de años).

Te quiero sin límites.

Desbocado como un tren.

Disparado como una bala.

Engullendo universos. Conmocionando Olimpos.

Te quiero vital hasta la muerte.

Creando sin cesar.

Un nuevo orden

En un principio no fue el Verbo sino el hombre.

Luego el hombre desarrolló el verbo, logró su dominio

y nació la poesía.

Dicen que descansó ante el ingente esfuerzo realizado.

Una vez despierto contempló con asombro

esa nueva y extraordinaria herramienta.

Entonces se propuso su más alta ambición, su obra suprema.

Tomó la poesía entre sus manos

y dio una estocada en el corazón de la nada.

De la savia que brotó de la herida emergió Dios

con toda su majestad.

    Toda su indiferencia.

1

Todos estamos bien

2

Corazones de vinagre

3

Erotomisantropía

4

Simpatía por la nada

5

Agón

6

Anomalía